Guest Name _____

_____

_____

Contact Info _____

_____

_____

Thoughts & Memories _____

_____

_____

_____

_____

_____

Guest Name _____

_____

_____

Contact Info _____

_____

_____

Thoughts & Memories _____

_____

_____

_____

_____

_____

Guest Name _____

_____

_____

Contact Info _____

_____

_____

Thoughts & Memories _____

_____

_____

_____

_____

_____

Guest Name _____

_____

_____

Contact Info _____

_____

_____

Thoughts & Memories _____

_____

_____

_____

_____

_____

Guest Name _____

_____

_____

Contact Info _____

_____

_____

Thoughts & Memories _____

_____

_____

_____

_____

_____

Guest Name _____

_____

_____

Contact Info _____

_____

_____

Thoughts & Memories _____

_____

_____

_____

_____

_____

Guest Name _____

_____

_____

Contact Info _____

_____

_____

Thoughts & Memories _____

_____

_____

_____

_____

_____

Guest Name _____

_____

_____

Contact Info _____

_____

_____

Thoughts & Memories _____

_____

_____

_____

_____

_____

Guest Name _____

_____

_____

Contact Info _____

_____

_____

Thoughts & Memories _____

_____

_____

_____

_____

_____

Guest Name _____

_____

_____

Contact Info _____

_____

_____

Thoughts & Memories _____

_____

_____

_____

_____

_____

Guest Name _____

_____

_____

Contact Info _____

_____

_____

Thoughts & Memories _____

_____

_____

_____

_____

_____

Guest Name _____

_____

_____

Contact Info _____

_____

_____

Thoughts & Memories _____

_____

_____

_____

_____

_____

In Loving Memory Of

_____

Born

_____

Entered Into Rest

_____

Guest Name _____

_____

_____

Contact Info _____

_____

_____

Thoughts & Memories _____

_____

_____

_____

_____

Guest Name _____

_____

_____

Contact Info _____

_____

_____

Thoughts & Memories _____

_____

_____

_____

_____

Guest Name _____

_____

_____

Contact Info _____

_____

_____

Thoughts & Memories _____

_____

_____

_____

_____

Guest Name _____

_____

_____

Contact Info _____

_____

_____

Thoughts & Memories _____

_____

_____

_____

_____

Guest Name _____   *Thoughts & Memories* _____

_____   _____

_____   _____

Contact Info _____   _____

_____   _____

_____   _____

Guest Name _____   *Thoughts & Memories* _____

_____   _____

_____   _____

Contact Info _____   _____

_____   _____

_____   _____

Guest Name _____   *Thoughts & Memories* _____

_____   _____

_____   _____

Contact Info _____   _____

_____   _____

_____   _____

Guest Name _____   *Thoughts & Memories* _____

_____   _____

_____   _____

Contact Info _____   _____

_____   _____

_____   _____

Guest Name _____   Thoughts & Memories _____

_____   _____

_____   _____

Contact Info _____   _____

_____   _____

_____   _____

Guest Name _____   Thoughts & Memories _____

_____   _____

_____   _____

Contact Info _____   _____

_____   _____

_____   _____

Guest Name _____   Thoughts & Memories _____

_____   _____

_____   _____

Contact Info _____   _____

_____   _____

_____   _____

Guest Name _____   Thoughts & Memories _____

_____   _____

_____   _____

Contact Info _____   _____

_____   _____

_____   _____

Guest Name _____

_____

_____

Contact Info _____

_____

_____

Thoughts & Memories _____

_____

_____

_____

_____

_____

Guest Name _____

_____

_____

Contact Info _____

_____

_____

Thoughts & Memories _____

_____

_____

_____

_____

_____

Guest Name _____

_____

_____

Contact Info _____

_____

_____

Thoughts & Memories _____

_____

_____

_____

_____

_____

Guest Name _____

_____

_____

Contact Info _____

_____

_____

Thoughts & Memories _____

_____

_____

_____

_____

_____

Guest Name _____

_____

_____

Contact Info _____

_____

_____

Thoughts & Memories _____

_____

_____

_____

_____

Guest Name _____

_____

_____

Contact Info _____

_____

_____

Thoughts & Memories _____

_____

_____

_____

_____

Guest Name _____

_____

_____

Contact Info _____

_____

_____

Thoughts & Memories _____

_____

_____

_____

_____

Guest Name _____

_____

_____

Contact Info _____

_____

_____

Thoughts & Memories _____

_____

_____

_____

_____

Guest Name _____   *Thoughts & Memories* _____

_____   _____

_____   _____

Contact Info _____   _____

_____   _____

_____   _____

Guest Name _____   *Thoughts & Memories* _____

_____   _____

_____   _____

Contact Info _____   _____

_____   _____

_____   _____

Guest Name _____   *Thoughts & Memories* _____

_____   _____

_____   _____

Contact Info _____   _____

_____   _____

_____   _____

Guest Name _____   *Thoughts & Memories* _____

_____   _____

_____   _____

Contact Info _____   _____

_____   _____

_____   _____

Guest Name _____ *Thoughts & Memories* _____

_____ _____

_____ _____

Contact Info _____ _____

_____ _____

_____ _____

_____

Guest Name _____ *Thoughts & Memories* _____

_____ _____

_____ _____

Contact Info _____ _____

_____ _____

_____ _____

_____

Guest Name _____ *Thoughts & Memories* _____

_____ _____

_____ _____

Contact Info _____ _____

_____ _____

_____ _____

_____

Guest Name _____ *Thoughts & Memories* _____

_____ _____

_____ _____

Contact Info _____ _____

_____ _____

_____ _____

Guest Name _____   *Thoughts & Memories* _____

_____   _____

_____   _____

Contact Info _____   _____

_____   _____

_____   _____

Guest Name _____   *Thoughts & Memories* _____

_____   _____

_____   _____

Contact Info _____   _____

_____   _____

_____   _____

Guest Name _____   *Thoughts & Memories* _____

_____   _____

_____   _____

Contact Info _____   _____

_____   _____

_____   _____

Guest Name _____   *Thoughts & Memories* _____

_____   _____

_____   _____

Contact Info _____   _____

_____   _____

_____   _____

Guest Name _____   *Thoughts & Memories* _____

_____   _____

_____   _____

Contact Info _____   _____

_____   _____

_____   _____

Guest Name _____   *Thoughts & Memories* _____

_____   _____

_____   _____

Contact Info _____   _____

_____   _____

_____   _____

Guest Name _____   *Thoughts & Memories* _____

_____   _____

_____   _____

Contact Info _____   _____

_____   _____

_____   _____

Guest Name _____   *Thoughts & Memories* _____

_____   _____

_____   _____

Contact Info _____   _____

_____   _____

_____   _____

Guest Name _____

_____

_____

Contact Info _____

_____

_____

Thoughts & Memories _____

_____

_____

_____

_____

Guest Name _____

_____

_____

Contact Info _____

_____

_____

Thoughts & Memories _____

_____

_____

_____

_____

Guest Name _____

_____

_____

Contact Info _____

_____

_____

Thoughts & Memories _____

_____

_____

_____

_____

Guest Name _____

_____

_____

Contact Info _____

_____

_____

Thoughts & Memories _____

_____

_____

_____

_____

Guest Name _____

_____

_____

Contact Info _____

_____

_____

Thoughts & Memories _____

_____

_____

_____

_____

_____

Guest Name _____

_____

_____

Contact Info _____

_____

_____

Thoughts & Memories _____

_____

_____

_____

_____

_____

Guest Name _____

_____

_____

Contact Info _____

_____

_____

Thoughts & Memories _____

_____

_____

_____

_____

_____

Guest Name _____

_____

_____

Contact Info _____

_____

_____

Thoughts & Memories _____

_____

_____

_____

_____

_____

Guest Name _____   *Thoughts & Memories* _____

_____   _____

_____   _____

Contact Info _____   _____

_____   _____

_____   _____

Guest Name _____   *Thoughts & Memories* _____

_____   _____

_____   _____

Contact Info _____   _____

_____   _____

_____   _____

Guest Name _____   *Thoughts & Memories* _____

_____   _____

_____   _____

Contact Info _____   _____

_____   _____

_____   _____

Guest Name _____   *Thoughts & Memories* _____

_____   _____

_____   _____

Contact Info _____   _____

_____   _____

_____   _____

Guest Name _____

_____

_____

Contact Info _____

_____

_____

Thoughts & Memories _____

_____

_____

_____

_____

_____

Guest Name _____

_____

_____

Contact Info _____

_____

_____

Thoughts & Memories _____

_____

_____

_____

_____

_____

Guest Name _____

_____

_____

Contact Info _____

_____

_____

Thoughts & Memories _____

_____

_____

_____

_____

_____

Guest Name _____

_____

_____

Contact Info _____

_____

_____

Thoughts & Memories _____

_____

_____

_____

_____

_____

Guest Name _____

_____

_____

Contact Info _____

_____

_____

Thoughts & Memories _____

_____

_____

_____

_____

_____

Guest Name _____

_____

_____

Contact Info _____

_____

_____

Thoughts & Memories _____

_____

_____

_____

_____

_____

Guest Name _____

_____

_____

Contact Info _____

_____

_____

Thoughts & Memories _____

_____

_____

_____

_____

_____

Guest Name _____

_____

_____

Contact Info _____

_____

_____

Thoughts & Memories _____

_____

_____

_____

_____

_____

Guest Name _____

_____

_____

Contact Info _____

_____

_____

Thoughts & Memories _____

_____

_____

_____

_____

_____

Guest Name _____

_____

_____

Contact Info _____

_____

_____

Thoughts & Memories _____

_____

_____

_____

_____

_____

Guest Name _____

_____

_____

Contact Info _____

_____

_____

Thoughts & Memories _____

_____

_____

_____

_____

_____

Guest Name _____

_____

_____

Contact Info _____

_____

_____

Thoughts & Memories _____

_____

_____

_____

_____

_____

Guest Name _____

_____

_____

Contact Info _____

_____

_____

Thoughts & Memories _____

_____

_____

_____

_____

_____

Guest Name _____

_____

_____

Contact Info _____

_____

_____

Thoughts & Memories _____

_____

_____

_____

_____

_____

Guest Name _____

_____

_____

Contact Info _____

_____

_____

Thoughts & Memories _____

_____

_____

_____

_____

_____

Guest Name _____

_____

_____

Contact Info _____

_____

_____

Thoughts & Memories _____

_____

_____

_____

_____

_____

Guest Name _____

_____

_____

Contact Info _____

_____

_____

Thoughts & Memories _____

_____

_____

_____

_____

_____

Guest Name _____

_____

_____

Contact Info _____

_____

_____

Thoughts & Memories _____

_____

_____

_____

_____

_____

Guest Name _____

_____

_____

Contact Info _____

_____

_____

Thoughts & Memories _____

_____

_____

_____

_____

_____

Guest Name _____

_____

_____

Contact Info _____

_____

_____

Thoughts & Memories _____

_____

_____

_____

_____

_____

Guest Name _____

_____

_____

Contact Info _____

_____

_____

Thoughts & Memories _____

_____

_____

_____

_____

Guest Name _____

_____

_____

Contact Info _____

_____

_____

Thoughts & Memories _____

_____

_____

_____

_____

Guest Name _____

_____

_____

Contact Info _____

_____

_____

Thoughts & Memories _____

_____

_____

_____

_____

Guest Name _____

_____

_____

Contact Info _____

_____

_____

Thoughts & Memories _____

_____

_____

_____

_____

Guest Name _____   Thoughts & Memories _____

_____   _____

_____   _____

Contact Info _____   _____

_____   _____

_____   _____

Guest Name _____   Thoughts & Memories _____

_____   _____

_____   _____

Contact Info _____   _____

_____   _____

_____   _____

Guest Name _____   Thoughts & Memories _____

_____   _____

_____   _____

Contact Info _____   _____

_____   _____

_____   _____

Guest Name _____   Thoughts & Memories _____

_____   _____

_____   _____

Contact Info _____   _____

_____   _____

_____   _____

Guest Name _____   *Thoughts & Memories* _____

_____

_____

Contact Info _____

_____

_____

Guest Name _____   *Thoughts & Memories* _____

_____

_____

Contact Info _____

_____

_____

Guest Name _____   *Thoughts & Memories* _____

_____

_____

Contact Info _____

_____

_____

Guest Name _____   *Thoughts & Memories* _____

_____

_____

Contact Info _____

_____

_____

Guest Name _____

_____

_____

Contact Info _____

_____

_____

Thoughts & Memories _____

_____

_____

_____

_____

Guest Name _____

_____

_____

Contact Info _____

_____

_____

Thoughts & Memories _____

_____

_____

_____

_____

Guest Name _____

_____

_____

Contact Info _____

_____

_____

Thoughts & Memories _____

_____

_____

_____

_____

Guest Name _____

_____

_____

Contact Info _____

_____

_____

Thoughts & Memories _____

_____

_____

_____

_____

Guest Name _____

_____

_____

Contact Info _____

_____

_____

Thoughts & Memories _____

_____

_____

_____

_____

_____

Guest Name _____

_____

_____

Contact Info _____

_____

_____

Thoughts & Memories _____

_____

_____

_____

_____

_____

Guest Name _____

_____

_____

Contact Info _____

_____

_____

Thoughts & Memories _____

_____

_____

_____

_____

_____

Guest Name _____

_____

_____

Contact Info _____

_____

_____

Thoughts & Memories _____

_____

_____

_____

_____

_____

Guest Name _____ *Thoughts & Memories* _____

_____ _____

_____ _____

Contact Info _____ _____

_____ _____

_____ _____

Guest Name _____ *Thoughts & Memories* _____

_____ _____

_____ _____

Contact Info _____ _____

_____ _____

_____ _____

Guest Name _____ *Thoughts & Memories* _____

_____ _____

_____ _____

Contact Info _____ _____

_____ _____

_____ _____

Guest Name _____ *Thoughts & Memories* _____

_____ _____

_____ _____

Contact Info _____ _____

_____ _____

_____ _____

Guest Name _____

_____

_____

Contact Info _____

_____

_____

Thoughts & Memories _____

_____

_____

_____

_____

_____

Guest Name _____

_____

_____

Contact Info _____

_____

_____

Thoughts & Memories _____

_____

_____

_____

_____

_____

Guest Name _____

_____

_____

Contact Info _____

_____

_____

Thoughts & Memories _____

_____

_____

_____

_____

_____

Guest Name _____

_____

_____

Contact Info _____

_____

_____

Thoughts & Memories _____

_____

_____

_____

_____

_____

Guest Name _____   *Thoughts & Memories* _____

_____   _____

_____   _____

Contact Info _____   _____

_____   _____

_____   _____

Guest Name _____   *Thoughts & Memories* _____

_____   _____

_____   _____

Contact Info _____   _____

_____   _____

_____   _____

Guest Name _____   *Thoughts & Memories* _____

_____   _____

_____   _____

Contact Info _____   _____

_____   _____

_____   _____

Guest Name _____   *Thoughts & Memories* _____

_____   _____

_____   _____

Contact Info _____   _____

_____   _____

_____   _____

Guest Name _____

_____

_____

Contact Info _____

_____

_____

Thoughts & Memories _____

_____

_____

_____

_____

Guest Name _____

_____

_____

Contact Info _____

_____

_____

Thoughts & Memories _____

_____

_____

_____

_____

Guest Name _____

_____

_____

Contact Info _____

_____

_____

Thoughts & Memories _____

_____

_____

_____

_____

Guest Name _____

_____

_____

Contact Info _____

_____

_____

Thoughts & Memories _____

_____

_____

_____

_____

Guest Name _____

Thoughts & Memories _____

_____

_____

Contact Info _____

_____

_____

_____

_____

_____

Guest Name _____

Thoughts & Memories _____

_____

_____

Contact Info _____

_____

_____

_____

_____

_____

Guest Name _____

Thoughts & Memories _____

_____

_____

Contact Info _____

_____

_____

_____

_____

_____

Guest Name _____

Thoughts & Memories _____

_____

_____

Contact Info _____

_____

_____

_____

_____

_____

Guest Name _____

_____

_____

Contact Info _____

_____

_____

Thoughts & Memories _____

_____

_____

_____

_____

_____

Guest Name _____

_____

_____

Contact Info _____

_____

_____

Thoughts & Memories _____

_____

_____

_____

_____

_____

Guest Name _____

_____

_____

Contact Info _____

_____

_____

Thoughts & Memories _____

_____

_____

_____

_____

_____

Guest Name _____

_____

_____

Contact Info _____

_____

_____

Thoughts & Memories _____

_____

_____

_____

_____

_____

Guest Name _____

_____

_____

Contact Info _____

_____

_____

Thoughts & Memories _____

_____

_____

_____

_____

_____

Guest Name _____

_____

_____

Contact Info _____

_____

_____

Thoughts & Memories _____

_____

_____

_____

_____

_____

Guest Name _____

_____

_____

Contact Info _____

_____

_____

Thoughts & Memories _____

_____

_____

_____

_____

_____

Guest Name _____

_____

_____

Contact Info _____

_____

_____

Thoughts & Memories _____

_____

_____

_____

_____

_____

Guest Name _____

_____

_____

Contact Info _____

_____

_____

Thoughts & Memories _____

_____

_____

_____

_____

_____

Guest Name _____

_____

_____

Contact Info _____

_____

_____

Thoughts & Memories _____

_____

_____

_____

_____

_____

Guest Name _____

_____

_____

Contact Info _____

_____

_____

Thoughts & Memories _____

_____

_____

_____

_____

_____

Guest Name _____

_____

_____

Contact Info _____

_____

_____

Thoughts & Memories _____

_____

_____

_____

_____

_____

Guest Name _____   *Thoughts & Memories* _____

_____   _____

_____   _____

Contact Info _____   _____

_____   _____

_____   _____

Guest Name _____   *Thoughts & Memories* _____

_____   _____

_____   _____

Contact Info _____   _____

_____   _____

_____   _____

Guest Name _____   *Thoughts & Memories* _____

_____   _____

_____   _____

Contact Info _____   _____

_____   _____

_____   _____

Guest Name _____   *Thoughts & Memories* _____

_____   _____

_____   _____

Contact Info _____   _____

_____   _____

_____   _____

Guest Name _____

_____

_____

Contact Info _____

_____

_____

Thoughts & Memories _____

_____

_____

_____

_____

_____

Guest Name _____

_____

_____

Contact Info _____

_____

_____

Thoughts & Memories _____

_____

_____

_____

_____

_____

Guest Name _____

_____

_____

Contact Info _____

_____

_____

Thoughts & Memories _____

_____

_____

_____

_____

_____

Guest Name _____

_____

_____

Contact Info _____

_____

_____

Thoughts & Memories _____

_____

_____

_____

_____

_____

Guest Name _____

_____

_____

Contact Info _____

_____

_____

Thoughts & Memories _____

_____

_____

_____

_____

_____

Guest Name _____

_____

_____

Contact Info _____

_____

_____

Thoughts & Memories _____

_____

_____

_____

_____

_____

Guest Name _____

_____

_____

Contact Info _____

_____

_____

Thoughts & Memories _____

_____

_____

_____

_____

_____

Guest Name _____

_____

_____

Contact Info _____

_____

_____

Thoughts & Memories _____

_____

_____

_____

_____

_____

Guest Name _____

_____

_____

Contact Info _____

_____

_____

Thoughts & Memories _____

_____

_____

_____

_____

Guest Name _____

_____

_____

Contact Info _____

_____

_____

Thoughts & Memories _____

_____

_____

_____

_____

Guest Name _____

_____

_____

Contact Info _____

_____

_____

Thoughts & Memories _____

_____

_____

_____

_____

Guest Name _____

_____

_____

Contact Info _____

_____

_____

Thoughts & Memories _____

_____

_____

_____

_____

Guest Name _____

Thoughts & Memories _____

_____

_____

Contact Info _____

_____

_____

Guest Name _____

Thoughts & Memories _____

_____

_____

Contact Info _____

_____

_____

Guest Name _____

Thoughts & Memories _____

_____

_____

Contact Info _____

_____

_____

Guest Name _____

Thoughts & Memories _____

_____

_____

Contact Info _____

_____

_____

Guest Name _____

_____

_____

Contact Info _____

_____

_____

Thoughts & Memories _____

_____

_____

_____

_____

_____

Guest Name _____

_____

_____

Contact Info _____

_____

_____

Thoughts & Memories _____

_____

_____

_____

_____

_____

Guest Name _____

_____

_____

Contact Info _____

_____

_____

Thoughts & Memories _____

_____

_____

_____

_____

_____

Guest Name _____

_____

_____

Contact Info _____

_____

_____

Thoughts & Memories _____

_____

_____

_____

_____

_____

Guest Name _____

_____

_____

Contact Info _____

_____

_____

Thoughts & Memories _____

_____

_____

_____

_____

_____

Guest Name _____

_____

_____

Contact Info _____

_____

_____

Thoughts & Memories _____

_____

_____

_____

_____

_____

Guest Name _____

_____

_____

Contact Info _____

_____

_____

Thoughts & Memories _____

_____

_____

_____

_____

_____

Guest Name _____

_____

_____

Contact Info _____

_____

_____

Thoughts & Memories _____

_____

_____

_____

_____

_____

Guest Name _____   *Thoughts & Memories* _____

_____   _____

_____   _____

Contact Info _____   _____

_____   _____

_____   _____

Guest Name _____   *Thoughts & Memories* _____

_____   _____

_____   _____

Contact Info _____   _____

_____   _____

_____   _____

Guest Name _____   *Thoughts & Memories* _____

_____   _____

_____   _____

Contact Info _____   _____

_____   _____

_____   _____

Guest Name _____   *Thoughts & Memories* _____

_____   _____

_____   _____

Contact Info _____   _____

_____   _____

_____   _____

Guest Name _____

_____

_____

Contact Info _____

_____

_____

Thoughts & Memories _____

_____

_____

_____

_____

_____

Guest Name _____

_____

_____

Contact Info _____

_____

_____

Thoughts & Memories _____

_____

_____

_____

_____

_____

Guest Name _____

_____

_____

Contact Info _____

_____

_____

Thoughts & Memories _____

_____

_____

_____

_____

_____

Guest Name _____

_____

_____

Contact Info _____

_____

_____

Thoughts & Memories _____

_____

_____

_____

_____

_____

Guest Name _____   *Thoughts & Memories* _____

_____   _____

_____   _____

Contact Info _____   _____

_____   _____

_____   _____

Guest Name _____   *Thoughts & Memories* _____

_____   _____

_____   _____

Contact Info _____   _____

_____   _____

_____   _____

Guest Name _____   *Thoughts & Memories* _____

_____   _____

_____   _____

Contact Info _____   _____

_____   _____

_____   _____

Guest Name _____   *Thoughts & Memories* _____

_____   _____

_____   _____

Contact Info _____   _____

_____   _____

_____   _____

Guest Name _____   *Thoughts & Memories* _____

_____   _____

_____   _____

Contact Info _____   _____

_____   _____

_____   _____

Guest Name _____   *Thoughts & Memories* _____

_____   _____

_____   _____

Contact Info _____   _____

_____   _____

_____   _____

Guest Name _____   *Thoughts & Memories* _____

_____   _____

_____   _____

Contact Info _____   _____

_____   _____

_____   _____

Guest Name _____   *Thoughts & Memories* _____

_____   _____

_____   _____

Contact Info _____   _____

_____   _____

_____   _____

Guest Name _____   *Thoughts & Memories* _____

_____   _____

_____   _____

Contact Info _____   _____

_____   _____

_____   _____

Guest Name _____   *Thoughts & Memories* _____

_____   _____

_____   _____

Contact Info _____   _____

_____   _____

_____   _____

Guest Name _____   *Thoughts & Memories* _____

_____   _____

_____   _____

Contact Info _____   _____

_____   _____

_____   _____

Guest Name _____   *Thoughts & Memories* _____

_____   _____

_____   _____

Contact Info _____   _____

_____   _____

_____   _____

Guest Name _____

_____

_____

Contact Info _____

_____

_____

Thoughts & Memories _____

_____

_____

_____

_____

_____

Guest Name _____

_____

_____

Contact Info _____

_____

_____

Thoughts & Memories _____

_____

_____

_____

_____

_____

Guest Name _____

_____

_____

Contact Info _____

_____

_____

Thoughts & Memories _____

_____

_____

_____

_____

_____

Guest Name _____

_____

_____

Contact Info _____

_____

_____

Thoughts & Memories _____

_____

_____

_____

_____

_____

Guest Name _____

_____

_____

Contact Info _____

_____

_____

Thoughts & Memories _____

_____

_____

_____

_____

_____

Guest Name _____

_____

_____

Contact Info _____

_____

_____

Thoughts & Memories _____

_____

_____

_____

_____

_____

Guest Name _____

_____

_____

Contact Info _____

_____

_____

Thoughts & Memories _____

_____

_____

_____

_____

_____

Guest Name _____

_____

_____

Contact Info _____

_____

_____

Thoughts & Memories _____

_____

_____

_____

_____

_____

Guest Name _____

_____

_____

Contact Info _____

_____

_____

Thoughts & Memories _____

_____

_____

_____

_____

_____

Guest Name _____

_____

_____

Contact Info _____

_____

_____

Thoughts & Memories _____

_____

_____

_____

_____

_____

Guest Name _____

_____

_____

Contact Info _____

_____

_____

Thoughts & Memories _____

_____

_____

_____

_____

_____

Guest Name _____

_____

_____

Contact Info _____

_____

_____

Thoughts & Memories _____

_____

_____

_____

_____

_____

Guest Name _____

_____

_____

Contact Info _____

_____

_____

Thoughts & Memories _____

_____

_____

_____

_____

_____

Guest Name _____

_____

_____

Contact Info _____

_____

_____

Thoughts & Memories _____

_____

_____

_____

_____

_____

Guest Name _____

_____

_____

Contact Info _____

_____

_____

Thoughts & Memories _____

_____

_____

_____

_____

_____

Guest Name _____

_____

_____

Contact Info _____

_____

_____

Thoughts & Memories _____

_____

_____

_____

_____

_____

Guest Name _____

_____

_____

Contact Info _____

_____

_____

Thoughts & Memories _____

_____

_____

_____

_____

_____

Guest Name _____

_____

_____

Contact Info _____

_____

_____

Thoughts & Memories _____

_____

_____

_____

_____

_____

Guest Name _____

_____

_____

Contact Info _____

_____

_____

Thoughts & Memories _____

_____

_____

_____

_____

_____

Guest Name _____

_____

_____

Contact Info _____

_____

_____

Thoughts & Memories _____

_____

_____

_____

_____

_____

Guest Name _____

_____

_____

Contact Info _____

_____

_____

Thoughts & Memories _____

_____

_____

_____

_____

_____

_____

Guest Name _____

_____

_____

Contact Info _____

_____

_____

Thoughts & Memories _____

_____

_____

_____

_____

_____

_____

Guest Name _____

_____

_____

Contact Info _____

_____

_____

Thoughts & Memories _____

_____

_____

_____

_____

_____

_____

Guest Name _____

_____

_____

Contact Info _____

_____

_____

Thoughts & Memories _____

_____

_____

_____

_____

_____

Guest Name _____

_____

_____

Contact Info _____

_____

_____

Thoughts & Memories _____

_____

_____

_____

_____

_____

Guest Name _____

_____

_____

Contact Info _____

_____

_____

Thoughts & Memories _____

_____

_____

_____

_____

_____

Guest Name _____

_____

_____

Contact Info _____

_____

_____

Thoughts & Memories _____

_____

_____

_____

_____

_____

Guest Name _____

_____

_____

Contact Info _____

_____

_____

Thoughts & Memories _____

_____

_____

_____

_____

Guest Name _____   *Thoughts & Memories* _____

_____   _____

_____   _____

Contact Info _____   _____

_____   _____

_____   _____

Guest Name _____   *Thoughts & Memories* _____

_____   _____

_____   _____

Contact Info _____   _____

_____   _____

_____   _____

Guest Name _____   *Thoughts & Memories* _____

_____   _____

_____   _____

Contact Info _____   _____

_____   _____

_____   _____

Guest Name _____   *Thoughts & Memories* _____

_____   _____

_____   _____

Contact Info _____   _____

_____   _____

_____   _____

Guest Name _____

_____

_____

Contact Info _____

_____

_____

Thoughts & Memories _____

_____

_____

_____

_____

_____

Guest Name _____

_____

_____

Contact Info _____

_____

_____

Thoughts & Memories _____

_____

_____

_____

_____

_____

Guest Name _____

_____

_____

Contact Info _____

_____

_____

Thoughts & Memories _____

_____

_____

_____

_____

_____

Guest Name _____

_____

_____

Contact Info _____

_____

_____

Thoughts & Memories _____

_____

_____

_____

_____

_____

Guest Name _____

_____

_____

Contact Info _____

_____

_____

Thoughts & Memories _____

_____

_____

_____

_____

_____

Guest Name _____

_____

_____

Contact Info _____

_____

_____

Thoughts & Memories _____

_____

_____

_____

_____

_____

Guest Name _____

_____

_____

Contact Info _____

_____

_____

Thoughts & Memories _____

_____

_____

_____

_____

_____

Guest Name _____

_____

_____

Contact Info _____

_____

_____

Thoughts & Memories _____

_____

_____

_____

_____

_____

Guest Name _____

_____

_____

Contact Info _____

_____

_____

Thoughts & Memories _____

_____

_____

_____

_____

_____

Guest Name _____

_____

_____

Contact Info _____

_____

_____

Thoughts & Memories _____

_____

_____

_____

_____

_____

Guest Name _____

_____

_____

Contact Info _____

_____

_____

Thoughts & Memories _____

_____

_____

_____

_____

_____

Guest Name _____

_____

_____

Contact Info _____

_____

_____

Thoughts & Memories _____

_____

_____

_____

_____

_____

Guest Name _____

_____

_____

Contact Info _____

_____

_____

Thoughts & Memories _____

_____

_____

_____

_____

Guest Name _____

_____

_____

Contact Info _____

_____

_____

Thoughts & Memories _____

_____

_____

_____

_____

Guest Name _____

_____

_____

Contact Info _____

_____

_____

Thoughts & Memories _____

_____

_____

_____

_____

Guest Name _____

_____

_____

Contact Info _____

_____

_____

Thoughts & Memories _____

_____

_____

_____

_____

Guest Name _____

_____

_____

Contact Info _____

_____

_____

Thoughts & Memories _____

_____

_____

_____

_____

_____

Guest Name _____

_____

_____

Contact Info _____

_____

_____

Thoughts & Memories _____

_____

_____

_____

_____

_____

Guest Name _____

_____

_____

Contact Info _____

_____

_____

Thoughts & Memories _____

_____

_____

_____

_____

_____

Guest Name _____

_____

_____

Contact Info _____

_____

_____

Thoughts & Memories _____

_____

_____

_____

_____

Guest Name _____

_____

_____

Contact Info _____

_____

_____

Thoughts & Memories _____

_____

_____

_____

_____

_____

Guest Name _____

_____

_____

Contact Info _____

_____

_____

Thoughts & Memories _____

_____

_____

_____

_____

_____

Guest Name _____

_____

_____

Contact Info _____

_____

_____

Thoughts & Memories _____

_____

_____

_____

_____

_____

Guest Name _____

_____

_____

Contact Info _____

_____

_____

Thoughts & Memories _____

_____

_____

_____

_____

_____

Guest Name _____

_____

_____

Contact Info _____

_____

_____

Thoughts & Memories _____

_____

_____

_____

_____

Guest Name _____

_____

_____

Contact Info _____

_____

_____

Thoughts & Memories _____

_____

_____

_____

_____

Guest Name _____

_____

_____

Contact Info _____

_____

_____

Thoughts & Memories _____

_____

_____

_____

_____

Guest Name _____

_____

_____

Contact Info _____

_____

_____

Thoughts & Memories _____

_____

_____

_____

_____

Guest Name _____

_____

_____

Contact Info _____

_____

_____

Thoughts & Memories _____

_____

_____

_____

_____

_____

Guest Name _____

_____

_____

Contact Info _____

_____

_____

Thoughts & Memories _____

_____

_____

_____

_____

_____

Guest Name _____

_____

_____

Contact Info _____

_____

_____

Thoughts & Memories _____

_____

_____

_____

_____

_____

Guest Name _____

_____

_____

Contact Info _____

_____

_____

Thoughts & Memories _____

_____

_____

_____

_____

_____

Guest Name _____ *Thoughts & Memories* _____

_____ _____

_____

Contact Info _____ _____

_____ _____

_____ _____

Guest Name _____ *Thoughts & Memories* _____

_____ _____

_____

Contact Info _____ _____

_____ _____

_____ _____

Guest Name _____ *Thoughts & Memories* _____

_____ _____

_____

Contact Info _____ _____

_____ _____

_____ _____

Guest Name _____ *Thoughts & Memories* _____

_____ _____

_____

Contact Info _____ _____

_____ _____

_____ _____

Guest Name _____

_____

_____

Contact Info _____

_____

_____

Thoughts & Memories _____

_____

_____

_____

_____

_____

Guest Name _____

_____

_____

Contact Info _____

_____

_____

Thoughts & Memories _____

_____

_____

_____

_____

_____

Guest Name _____

_____

_____

Contact Info _____

_____

_____

Thoughts & Memories _____

_____

_____

_____

_____

_____

Guest Name _____

_____

_____

Contact Info _____

_____

_____

Thoughts & Memories _____

_____

_____

_____

_____

_____

Guest Name _____

_____

_____

Contact Info _____

_____

_____

Thoughts & Memories _____

_____

_____

_____

_____

_____

_____

Guest Name _____

_____

_____

Contact Info _____

_____

_____

Thoughts & Memories _____

_____

_____

_____

_____

_____

_____

Guest Name _____

_____

_____

Contact Info _____

_____

_____

Thoughts & Memories _____

_____

_____

_____

_____

_____

_____

Guest Name _____

_____

_____

Contact Info _____

_____

_____

Thoughts & Memories _____

_____

_____

_____

_____

_____

_____

Guest Name _____

_____

_____

Contact Info _____

_____

_____

Thoughts & Memories _____

_____

_____

_____

_____

_____

Guest Name _____

_____

_____

Contact Info _____

_____

_____

Thoughts & Memories _____

_____

_____

_____

_____

_____

Guest Name _____

_____

_____

Contact Info _____

_____

_____

Thoughts & Memories _____

_____

_____

_____

_____

_____

Guest Name _____

_____

_____

Contact Info _____

_____

_____

Thoughts & Memories _____

_____

_____

_____

_____

_____

Guest Name _____   *Thoughts & Memories* _____

_____   _____

_____   _____

Contact Info _____   _____

_____   _____

_____   _____

_____

Guest Name _____   *Thoughts & Memories* _____

_____   _____

_____   _____

Contact Info _____   _____

_____   _____

_____   _____

_____

Guest Name _____   *Thoughts & Memories* _____

_____   _____

_____   _____

Contact Info _____   _____

_____   _____

_____   _____

_____

Guest Name _____   *Thoughts & Memories* _____

_____   _____

_____   _____

Contact Info _____   _____

_____   _____

_____   _____

Guest Name _____

_____

_____

Contact Info _____

_____

_____

Thoughts & Memories _____

_____

_____

_____

_____

_____

Guest Name _____

_____

_____

Contact Info _____

_____

_____

Thoughts & Memories _____

_____

_____

_____

_____

_____

Guest Name _____

_____

_____

Contact Info _____

_____

_____

Thoughts & Memories _____

_____

_____

_____

_____

_____

Guest Name _____

_____

_____

Contact Info _____

_____

_____

Thoughts & Memories _____

_____

_____

_____

_____

_____

Guest Name _____

_____

_____

Contact Info _____

_____

_____

Thoughts & Memories _____

_____

_____

_____

_____

_____

Guest Name _____

_____

_____

Contact Info _____

_____

_____

Thoughts & Memories _____

_____

_____

_____

_____

_____

Guest Name _____

_____

_____

Contact Info _____

_____

_____

Thoughts & Memories _____

_____

_____

_____

_____

_____

Guest Name _____

_____

_____

Contact Info _____

_____

_____

Thoughts & Memories _____

_____

_____

_____

_____

_____

Guest Name _____

_____

_____

Contact Info _____

_____

_____

Thoughts & Memories _____

_____

_____

_____

_____

_____

Guest Name _____

_____

_____

Contact Info _____

_____

_____

Thoughts & Memories _____

_____

_____

_____

_____

_____

Guest Name _____

_____

_____

Contact Info _____

_____

_____

Thoughts & Memories _____

_____

_____

_____

_____

_____

Guest Name _____

_____

_____

Contact Info _____

_____

_____

Thoughts & Memories _____

_____

_____

_____

_____

_____

Guest Name _____

_____

_____

Contact Info _____

_____

_____

Thoughts & Memories _____

_____

_____

_____

_____

_____

Guest Name _____

_____

_____

Contact Info _____

_____

_____

Thoughts & Memories _____

_____

_____

_____

_____

_____

Guest Name _____

_____

_____

Contact Info _____

_____

_____

Thoughts & Memories _____

_____

_____

_____

_____

_____

Guest Name _____

_____

_____

Contact Info _____

_____

_____

Thoughts & Memories _____

_____

_____

_____

_____

_____

Guest Name _____

_____

_____

Contact Info _____

_____

_____

Thoughts & Memories _____

_____

_____

_____

_____

_____

Guest Name _____

_____

_____

Contact Info _____

_____

_____

Thoughts & Memories _____

_____

_____

_____

_____

_____

Guest Name _____

_____

_____

Contact Info _____

_____

_____

Thoughts & Memories _____

_____

_____

_____

_____

_____

Guest Name _____

_____

_____

Contact Info _____

_____

_____

Thoughts & Memories _____

_____

_____

_____

_____

_____

Guest Name _____

_____

_____

Contact Info _____

_____

_____

Thoughts & Memories _____

_____

_____

_____

_____

_____

Guest Name _____

_____

_____

Contact Info _____

_____

_____

Thoughts & Memories _____

_____

_____

_____

_____

_____

Guest Name _____

_____

_____

Contact Info _____

_____

_____

Thoughts & Memories _____

_____

_____

_____

_____

_____

Guest Name _____

_____

_____

Contact Info _____

_____

_____

Thoughts & Memories _____

_____

_____

_____

_____

_____

Guest Name _____

_____

_____

Contact Info _____

_____

_____

Thoughts & Memories _____

_____

_____

_____

_____

_____

Guest Name _____

_____

_____

Contact Info _____

_____

_____

Thoughts & Memories _____

_____

_____

_____

_____

_____

Guest Name _____

_____

_____

Contact Info _____

_____

_____

Thoughts & Memories _____

_____

_____

_____

_____

_____

Guest Name _____

_____

_____

Contact Info _____

_____

_____

Thoughts & Memories _____

_____

_____

_____

_____

_____

Guest Name _____

_____

_____

Contact Info _____

_____

_____

Thoughts & Memories _____

_____

_____

_____

_____

_____

Guest Name _____

_____

_____

Contact Info _____

_____

_____

Thoughts & Memories _____

_____

_____

_____

_____

_____

Guest Name _____

_____

_____

Contact Info _____

_____

_____

Thoughts & Memories _____

_____

_____

_____

_____

_____

Guest Name _____

_____

_____

Contact Info _____

_____

_____

Thoughts & Memories _____

_____

_____

_____

_____

_____

Guest Name _____

_____

_____

Contact Info _____

_____

_____

Thoughts & Memories _____

_____

_____

_____

_____

_____

Guest Name _____

_____

_____

Contact Info _____

_____

_____

Thoughts & Memories _____

_____

_____

_____

_____

_____

Guest Name _____

_____

_____

Contact Info _____

_____

_____

Thoughts & Memories _____

_____

_____

_____

_____

_____

Guest Name _____

_____

_____

Contact Info _____

_____

_____

Thoughts & Memories _____

_____

_____

_____

_____

_____

Guest Name _____

_____

_____

Contact Info _____

_____

_____

Thoughts & Memories _____

_____

_____

_____

_____

_____

Guest Name _____

_____

_____

Contact Info _____

_____

_____

Thoughts & Memories _____

_____

_____

_____

_____

_____

Guest Name _____

_____

_____

Contact Info _____

_____

_____

Thoughts & Memories _____

_____

_____

_____

_____

_____

Guest Name _____

_____

_____

Contact Info _____

_____

_____

Thoughts & Memories _____

_____

_____

_____

_____

_____

Guest Name _____

_____

_____

Contact Info _____

_____

_____

Thoughts & Memories _____

_____

_____

_____

_____

_____

Guest Name _____

_____

_____

Contact Info _____

_____

_____

Thoughts & Memories _____

_____

_____

_____

_____

_____

Guest Name _____

_____

_____

Contact Info _____

_____

_____

Thoughts & Memories _____

_____

_____

_____

_____

_____

Guest Name _____

_____

_____

Contact Info _____

_____

_____

Thoughts & Memories _____

_____

_____

_____

_____

_____

Guest Name _____

_____

_____

Contact Info _____

_____

_____

Thoughts & Memories _____

_____

_____

_____

_____

_____

Guest Name _____

_____

_____

Contact Info _____

_____

_____

Thoughts & Memories _____

_____

_____

_____

_____

_____

Guest Name _____

_____

_____

Contact Info _____

_____

_____

Thoughts & Memories _____

_____

_____

_____

_____

_____

Guest Name _____

_____

_____

Contact Info _____

_____

_____

Thoughts & Memories _____

_____

_____

_____

_____

_____

Guest Name _____

———————————————

———————————————

Contact Info _____

———————————————

———————————————

Thoughts & Memories _____

———————————————

———————————————

———————————————

———————————————

———————————————

Guest Name _____

———————————————

———————————————

Contact Info _____

———————————————

———————————————

Thoughts & Memories _____

———————————————

———————————————

———————————————

———————————————

———————————————

Guest Name _____

———————————————

———————————————

Contact Info _____

———————————————

———————————————

Thoughts & Memories _____

———————————————

———————————————

———————————————

———————————————

———————————————

Guest Name _____

———————————————

———————————————

Contact Info _____

———————————————

———————————————

Thoughts & Memories _____

———————————————

———————————————

———————————————

———————————————

Guest Name _____

_____

_____

Contact Info _____

_____

_____

Thoughts & Memories _____

_____

_____

_____

_____

Guest Name _____

_____

_____

Contact Info _____

_____

_____

Thoughts & Memories _____

_____

_____

_____

_____

Guest Name _____

_____

_____

Contact Info _____

_____

_____

Thoughts & Memories _____

_____

_____

_____

_____

Guest Name _____

_____

_____

Contact Info _____

_____

_____

Thoughts & Memories _____

_____

_____

_____

_____

Guest Name _____

_____

_____

Contact Info _____

_____

_____

Thoughts & Memories _____

_____

_____

_____

_____

_____

Guest Name _____

_____

_____

Contact Info _____

_____

_____

Thoughts & Memories _____

_____

_____

_____

_____

_____

Guest Name _____

_____

_____

Contact Info _____

_____

_____

Thoughts & Memories _____

_____

_____

_____

_____

_____

Guest Name _____

_____

_____

Contact Info _____

_____

_____

Thoughts & Memories _____

_____

_____

_____

_____

_____

Guest Name _____

_____

_____

Contact Info _____

_____

_____

Thoughts & Memories _____

_____

_____

_____

_____

_____

_____

Guest Name _____

_____

_____

Contact Info _____

_____

_____

Thoughts & Memories _____

_____

_____

_____

_____

_____

_____

Guest Name _____

_____

_____

Contact Info _____

_____

_____

Thoughts & Memories _____

_____

_____

_____

_____

_____

_____

Guest Name _____

_____

_____

Contact Info _____

_____

_____

Thoughts & Memories _____

_____

_____

_____

_____

_____

Guest Name _____

_____

_____

Contact Info _____

_____

_____

Thoughts & Memories _____

_____

_____

_____

_____

_____

Guest Name _____

_____

_____

Contact Info _____

_____

_____

Thoughts & Memories _____

_____

_____

_____

_____

_____

Guest Name _____

_____

_____

Contact Info _____

_____

_____

Thoughts & Memories _____

_____

_____

_____

_____

_____

Guest Name _____

_____

_____

Contact Info _____

_____

_____

Thoughts & Memories _____

_____

_____

_____

_____

Guest Name _____

_____

_____

Contact Info _____

_____

_____

Thoughts & Memories _____

_____

_____

_____

_____

_____

Guest Name _____

_____

_____

Contact Info _____

_____

_____

Thoughts & Memories _____

_____

_____

_____

_____

_____

Guest Name _____

_____

_____

Contact Info _____

_____

_____

Thoughts & Memories _____

_____

_____

_____

_____

_____

Guest Name _____

_____

_____

Contact Info _____

_____

_____

Thoughts & Memories _____

_____

_____

_____

_____

_____

Guest Name _____

_____

_____

Contact Info _____

_____

_____

Thoughts & Memories _____

_____

_____

_____

_____

Guest Name _____

_____

_____

Contact Info _____

_____

_____

Thoughts & Memories _____

_____

_____

_____

_____

Guest Name _____

_____

_____

Contact Info _____

_____

_____

Thoughts & Memories _____

_____

_____

_____

_____

Guest Name _____

_____

_____

Contact Info _____

_____

_____

Thoughts & Memories _____

_____

_____

_____

_____

Guest Name _____

_____

_____

Contact Info _____

_____

_____

Thoughts & Memories _____

_____

_____

_____

_____

_____

Guest Name _____

_____

_____

Contact Info _____

_____

_____

Thoughts & Memories _____

_____

_____

_____

_____

_____

Guest Name _____

_____

_____

Contact Info _____

_____

_____

Thoughts & Memories _____

_____

_____

_____

_____

_____

Guest Name _____

_____

_____

Contact Info _____

_____

_____

Thoughts & Memories _____

_____

_____

_____

_____

_____

Guest Name _____

_____

_____

Contact Info _____

_____

_____

Thoughts & Memories _____

_____

_____

_____

_____

Guest Name _____

_____

_____

Contact Info _____

_____

_____

Thoughts & Memories _____

_____

_____

_____

_____

Guest Name _____

_____

_____

Contact Info _____

_____

_____

Thoughts & Memories _____

_____

_____

_____

_____

Guest Name _____

_____

_____

Contact Info _____

_____

_____

Thoughts & Memories _____

_____

_____

_____

_____

Guest Name _____

_____

_____

Contact Info _____

_____

_____

Thoughts & Memories _____

_____

_____

_____

_____

_____

Guest Name _____

_____

_____

Contact Info _____

_____

_____

Thoughts & Memories _____

_____

_____

_____

_____

_____

Guest Name _____

_____

_____

Contact Info _____

_____

_____

Thoughts & Memories _____

_____

_____

_____

_____

_____

Guest Name _____

_____

_____

Contact Info _____

_____

_____

Thoughts & Memories _____

_____

_____

_____

_____

_____

Guest Name _____

_____

_____

Contact Info _____

_____

_____

Thoughts & Memories _____

_____

_____

_____

_____

Guest Name _____

_____

_____

Contact Info _____

_____

_____

Thoughts & Memories _____

_____

_____

_____

_____

Guest Name _____

_____

_____

Contact Info _____

_____

_____

Thoughts & Memories _____

_____

_____

_____

_____

Guest Name _____

_____

_____

Contact Info _____

_____

_____

Thoughts & Memories _____

_____

_____

_____

_____

Guest Name _____

_____

_____

Contact Info _____

_____

_____

Thoughts & Memories _____

_____

_____

_____

_____

_____

Guest Name _____

_____

_____

Contact Info _____

_____

_____

Thoughts & Memories _____

_____

_____

_____

_____

_____

Guest Name _____

_____

_____

Contact Info _____

_____

_____

Thoughts & Memories _____

_____

_____

_____

_____

_____

Guest Name _____

_____

_____

Contact Info _____

_____

_____

Thoughts & Memories _____

_____

_____

_____

_____

_____

Guest Name _____

_____

_____

Contact Info _____

_____

_____

Thoughts & Memories _____

_____

_____

_____

_____

_____

Guest Name _____

_____

_____

Contact Info _____

_____

_____

Thoughts & Memories _____

_____

_____

_____

_____

_____

Guest Name _____

_____

_____

Contact Info _____

_____

_____

Thoughts & Memories _____

_____

_____

_____

_____

_____

Guest Name _____

_____

_____

Contact Info _____

_____

_____

Thoughts & Memories _____

_____

_____

_____

_____

_____

Guest Name _____   *Thoughts & Memories* _____

_____   _____

_____   _____

Contact Info _____   _____

_____   _____

_____   _____

Guest Name _____   *Thoughts & Memories* _____

_____   _____

_____   _____

Contact Info _____   _____

_____   _____

_____   _____

Guest Name _____   *Thoughts & Memories* _____

_____   _____

_____   _____

Contact Info _____   _____

_____   _____

_____   _____

Guest Name _____   *Thoughts & Memories* _____

_____   _____

_____   _____

Contact Info _____   _____

_____   _____

Guest Name _____   *Thoughts & Memories* _____

_____   _____

_____   _____

Contact Info _____   _____

_____   _____

_____   _____

Guest Name _____   *Thoughts & Memories* _____

_____   _____

_____   _____

Contact Info _____   _____

_____   _____

_____   _____

Guest Name _____   *Thoughts & Memories* _____

_____   _____

_____   _____

Contact Info _____   _____

_____   _____

_____   _____

Guest Name _____   *Thoughts & Memories* _____

_____   _____

_____   _____

Contact Info _____   _____

_____   _____

_____   _____

Guest Name _____

_____

_____

Contact Info _____

_____

_____

Thoughts & Memories _____

_____

_____

_____

_____

_____

Guest Name _____

_____

_____

Contact Info _____

_____

_____

Thoughts & Memories _____

_____

_____

_____

_____

_____

Guest Name _____

_____

_____

Contact Info _____

_____

_____

Thoughts & Memories _____

_____

_____

_____

_____

_____

Guest Name _____

_____

_____

Contact Info _____

_____

_____

Thoughts & Memories _____

_____

_____

_____

_____

_____

Guest Name _____

_____

_____

Contact Info _____

_____

_____

Thoughts & Memories _____

_____

_____

_____

_____

Guest Name _____

_____

_____

Contact Info _____

_____

_____

Thoughts & Memories _____

_____

_____

_____

_____

Guest Name _____

_____

_____

Contact Info _____

_____

_____

Thoughts & Memories _____

_____

_____

_____

_____

Guest Name _____

_____

_____

Contact Info _____

_____

_____

Thoughts & Memories _____

_____

_____

_____

_____

Guest Name _____

_____

_____

Contact Info _____

_____

_____

Thoughts & Memories _____

_____

_____

_____

_____

Guest Name _____

_____

_____

Contact Info _____

_____

_____

Thoughts & Memories _____

_____

_____

_____

_____

Guest Name _____

_____

_____

Contact Info _____

_____

_____

Thoughts & Memories _____

_____

_____

_____

_____

Guest Name _____

_____

_____

Contact Info _____

_____

_____

Thoughts & Memories _____

_____

_____

_____

_____

Guest Name _____

_____

_____

Contact Info _____

_____

_____

Thoughts & Memories _____

_____

_____

_____

_____

_____

Guest Name _____

_____

_____

Contact Info _____

_____

_____

Thoughts & Memories _____

_____

_____

_____

_____

_____

Guest Name _____

_____

_____

Contact Info _____

_____

_____

Thoughts & Memories _____

_____

_____

_____

_____

_____

Guest Name _____

_____

_____

Contact Info _____

_____

_____

Thoughts & Memories _____

_____

_____

_____

_____

_____

Guest Name _____

_____

_____

Contact Info _____

_____

_____

Thoughts & Memories _____

_____

_____

_____

_____

_____

Guest Name _____

_____

_____

Contact Info _____

_____

_____

Thoughts & Memories _____

_____

_____

_____

_____

_____

Guest Name _____

_____

_____

Contact Info _____

_____

_____

Thoughts & Memories _____

_____

_____

_____

_____

_____

Guest Name _____

_____

_____

Contact Info _____

_____

_____

Thoughts & Memories _____

_____

_____

_____

_____

_____

Guest Name _____

_____

_____

Contact Info _____

_____

_____

Thoughts & Memories _____

_____

_____

_____

_____

_____

Guest Name _____

_____

_____

Contact Info _____

_____

_____

Thoughts & Memories _____

_____

_____

_____

_____

_____

Guest Name _____

_____

_____

Contact Info _____

_____

_____

Thoughts & Memories _____

_____

_____

_____

_____

_____

Guest Name _____

_____

_____

Contact Info _____

_____

_____

Thoughts & Memories _____

_____

_____

_____

_____

_____

Guest Name _____

_____

_____

Contact Info _____

_____

_____

Thoughts & Memories _____

_____

_____

_____

_____

_____

Guest Name _____

_____

_____

Contact Info _____

_____

_____

Thoughts & Memories _____

_____

_____

_____

_____

_____

Guest Name _____

_____

_____

Contact Info _____

_____

_____

Thoughts & Memories _____

_____

_____

_____

_____

_____

Guest Name _____

_____

_____

Contact Info _____

_____

_____

Thoughts & Memories _____

_____

_____

_____

_____

_____

Guest Name _____

_____

_____

Contact Info _____

_____

_____

Thoughts & Memories _____

_____

_____

_____

_____

_____

Guest Name _____

_____

_____

Contact Info _____

_____

_____

Thoughts & Memories _____

_____

_____

_____

_____

_____

Guest Name _____

_____

_____

Contact Info _____

_____

_____

Thoughts & Memories _____

_____

_____

_____

_____

_____

Guest Name _____

_____

_____

Contact Info _____

_____

_____

Thoughts & Memories _____

_____

_____

_____

_____

_____